La manía de rodar

DANIEL DURAND

La manía de rodar

LA COZ **2025** VALENCIA

PRIMERA EDICIÓN: ABRIL 2025
© DANIEL DURAND 2025
© LA COZ 2025 LIBROSLACOZ@GMAIL.COM

DISEÑO EDITORIAL: EUGENIA PARRADO

ISBN: 978-84-129984-7-4 DEPÓSITO LEGAL: V-1433-2025

EDITOR: IGNACIO DOCAVO

ÍNDICE

LUPA DE LA INMERSIÓN
(2023)

RUTA DE LA INVERSIÓN
(2007)

EL ESTADO Y ÉL SE AMARON
(2006)

CABEZA DE BUEY
(2012)

COMO UN MARLBORO
(2016)

LUPA DE LA INMERSIÓN

(2023)

ATARDECER DE ENERO

Sentado en el patio
da la última pitada
a un cigarrillo, y apuesta
mentalmente, contra sí mismo:
si la colilla cruza el muro
vivirá cien años, si no, nada.
Eyecta la colilla con dos dedos, pasa
diez centímetros por arriba del muro.
Sigue sentado, la manguera
ya debe haber expulsado
toda el agua caliente que contenía
y ya estará saliendo fresca,
lista para regar las plantas.

LAGARTIJA

Mi compañía y gracia de hoy es una lagartija
que apareció pegada al techo blanco del baño.
Tu camuflaje amarronado no sirve
para esta superficie pintada con látex,
tu camuflaje, al igual que mi impresora color
no tienen blanco.
Vamos a tener que hablar con el oso polar.
Está ahí hace dos días, sola, inmóvil,
y yo casi que no tomo agua ni mate,
para no tener que ir a mear a cada rato
y molestarla.

NIÑO CON BANANA

La banana que pide que le pelen
debe ser perfecta, verse
blanca y en el punto justo
entre lo duro y lo blandengue,
no tener machucones oscuros
ni cordones colgantes de fibra,
entonces sí,
la empuña y la va comiendo despacio
mientras deambula por la casa
iluminando las habitaciones
con su antorcha vegetal.

ANTEOJOS

Unos viejos bifocales
que Pocho ya no usaba
me dividen.
No sirven para bajar las escaleras.
Tengo un desarmadero
de anteojos incompletos
en una caja de zapatos.
El último y caro,
un sexto gramo de oro,
se quebró hace dos días.
Jugando con Alon en la cama
un crack lo dejo ok para dos cíclopes.

PONELE...

la alegría
repentina
del número
lejano
difuso
que se acerca
luminoso
nítido
del bondi
que esperamos

Bondi: autobús urbano

SPRAY

Tenemos muchas palabras
para designar a la lluvia,
en español y en rioplatense,
pero hay una muy fina,
que casi no cae y se mantiene
suspendida en el aire,
es una especie de spray, a esa
nunca pude encontrarle palabra.
El spray denso de esta mañana
borronea todos los objetos
que tratan de avisar
que hoy es domingo.
De manera que nos hallamos
ante un ningún día.
Afuera los de la calle deambulan
buscando un toldo para pasar la tarde.
Acá adentro tengo de todo y en orden,
y sin embargo busco un error, una falla,
algo para hacer entre medio de los mates.

ADJETIVADOR CLUB

Qué pregunta la tuya
éter, que pregunta por la chatarra que se purifica
debajo del rocío.
Sí, vuelve a la tierra la música
del hierro pero, éter,
no pueden los insectos que a la flor
le orbitan hincarle su aguijón,
burbuja jabón
se croma el pétalo,
estas pálidas naves que florecen
rotando van hacia la fábrica
para moldear al Ford.
Huele a jazmines la melodía de este convertible
viene la hormiga de la rosa por el cable
del acelerador.
Qué pregunta, éter, la tuya,
sí que tienen insectos,
avispas de aroma, hincan su aguja dentro de la pulpa
donde se mulle el hierro,
en la pana porosa
deja su baba la mariposa,
tras los cristales, éter, sin embargo continua
la endeble dalia
con poca luz durante el día
le orbita la mosca
y de repujados paños,

flores,
de chingadas carnes
hacen el esfuerzo,
la obligación de amar tras los cristales de la lluvia
magnética de un televisor descompuesto.
Golpean las puertas, éter, el cielo a los estaños.

BAIRES CONCO

El ruido del motor empezó a entredormirme,
las luces de los cabarets de la ruta
me quedaban en la cabeza
muchos kilómetros después que los cruzábamos,
el motor del camión se continuaba en los pedales,
los pedales se continuaban en los pies
del viejo que manejaba,
todo terminaba en su cabeza,
eran una misma cosa
del mismo material.

LECTURA

Debe tener mi edad, unos 50.
Está sentado en la vereda, rompe
cuidadosamente un frasco de vidrio
con una piedra, hasta que le queda
solo el redondel de la base.
Toca con las yemas los bordes filosos,
lo mira, lo gira y lo acerca despacio
a su cara. Veo como su ojo desmedido
intenta leer un diario.

FLOPS

Sentado en el inodoro
busca su dinero
en el bolsillo del pantalón
alrededor de los tobillos,
cuenta –304 pesos–
apoya la cabeza
en las dos manos
y los codos
de nuevo
en las rodillas.

LA MANÍA DE RODAR

Mi amor por vos sufrió
se retorció, el nervio se estrujó.
la tripa se enroscó y se escurrió
exprimió la imagen, extrajo de allí
la delicia del pasado, y la invención
torturada de un presente irreal.
Ideal es el momento de las bocas
que se abren al intercambio de salivas.
El viento arrastra un vasito de plástico,
lo azota contra unos escalones,
después lo lleva a los tumbos por la vereda.
El vasito llama la atención de una nena
que empieza a correrlo, lo alcanza,
y lo aplasta de tres o cuatro pisotones
para que ya no siga dando vueltas.

HAY

Diez en el susurro
en el murmullo quince
ciento veinticinco en el saludo
en la risa mil quinientos
doce mil en el grito
en el achús treinta megas
cien mil en fila para cubrir un milímetro
y en cada centímetro cuadrado un billón
de
adenopoliedros.

HAY PASADO PODRIDO EN TODAS PARTES

Hay recuerdo podrido en todas partes.
Hay futuro podrido en todas las fotos
que nacen diariamente.
Las fotos consumen toda la energía
para su almacenamiento y existencia.
Nuestras fotos nos están aniquilando.

ABUELO, TRIPAS Y COLLARES

Cansado de ver fotos geniales
en todas las pantallas, cierro los ojos:
veo al abuelo caminando despacio
por el caminito de ladrillos musgosos
hacia el baño de afuera, lo sigo, mete
un alambre doblado en una punta
en el pozo del inodoro, saca
unas tripas largas de pollo
y las guarda adentro de una bolsa,
repite la operación varias veces
diciendo, todas estas vísceras
son para mí. Casi llena la bolsa cuando
de repente, saca un collar de piedras
preciosas, y con una parsimonia
más de gestos que de palabras
me dice, estos collares son para vos
para que los aproveches cuando seas grande.

CUÁNTOS CUANDOS

Todavía llueve o son los techos impermeables
que gotean el final de la canción?
Cuántos mates inconscientes antes de éste?
Cuándo llegarán las fiestas y los viajes?
Cuándo los nuevos y repetidos ganadores
van a dejar de considerarse perdedores?
Cuándo llegará el día en que las plantas vuelvan
a ser admiradas por su verdor y no
por haber sido atravesadas por la mirada casual
del buscador de vocablillos?
Cuándo tocarán el timbre con el paquete?
Cuándo se podrá volver a decir
lo que todos pensamos y que hoy está prohibido?
Cuándo morderán las futuras golosinas
Y ni al dentista irán?

DE LA NATURALEZA CONTEMPORÁNEA

De los libros que leía rara vez pasaba
de la décima página, generalmente
los dejaba en la segunda o tercera.
Muchas veces no terminaba el prólogo
y otras tantas podía hablar horas enteras
conociendo solo el título.
Despreciaba las contratapas y detestaba
los epígrafes. Cuando escribía solía dejar
los poemas por la mitad y terminarlos
con un exabrupto del tipo:
"al poema ahora lo escriben las estrellas".

El mundo lo acompañaba, si amanecía soleado
a media mañana se nublaba o llovía,
los pájaros aparecían temprano en las antenas
abrían el pico para cantar pero antes
de escucharse un solo trino se volaban.
Los amantes se acostaban a la noche
y poco antes de empezar con los ensambles
se palpaban el bolsillo y regresaban al táctil.

RUTA DE LA INVERSIÓN

(2007)

¿SERÁ QUE SEREMOS MÁS INTELIGENTES QUE LOS ÁRBOLES?

El alerce sin cerebro patagónico
persiste 6000 años en un mismo lugar
y el pato, sin discernimiento, el cormorán, opaco,
puede volar miles de kilómetros, nadar velozmente
en los lagos helados del verano.
Caminan, orondos, marrones, y para colmo bucean.
Para la curiosidad les queda tiempo y tienen
una corneta metálica en el pico, una antena
y un radar con alardes.
Segrego cosas, fabrico objetos. Sueño con un pato quieto.

NO ME VES

Salgo a la oscuridad del patio,
pasa el helicóptero, con su ruido,
su chorro blanco y sus hélices invisibles,
inspeccionando la ciudad.
—no sabés nada de mí...
—no sabés nada de mi..!
murmuro dentro del vaso de cerveza
que tengo entre los labios
y vuelvo contento para adentro.

LUZ Y OSCURIDAD

Llego, entro, prendo la luz de la cocina
y sorprendo a las hormigas coloradas
puliendo los platos y cargando
todos los restos de comida.
No me molestan, pero mentalmente
las advierto sobre la superpoblación:
hasta ahora el ecosistema se mantiene.
Sin embargo, si consigo trabajo,
comeré más, vendrán amigos y mujeres,
habrá más restos, ustedes crecerán
y tendré que echar insecticida.
Solo esta pobreza puede mantenernos
delicadamente unidos.

MALABARISMO

Bajó el sol, salgo a la sombra del patio
para hacer malabares. Tiro
las bolas bien alto y
al levantar la vista veo
el cielo todavía soleado.
Dentro de unos días se morirá mi madre.
Unas cuantas golondrinas
vuelan a media altura
entre la casa y el cielo,
se pelean con chirridos
y se alimentan de insectos invisibles.

Susy está de blanco, adentro
de este calor de febrero, fresca,
le da la teta a su hijo de 20 días
que nació el mismo día de mi cumpleaños.

Y qué significa?

Nada, eso, que las enormes cosas del pasado
se transforman y reducen y concentran
y brillan en el presente
como una pequeña coincidencia.

OTRA VEZ

La fiesta se acabó. Las mujeres
más lindas se fueron primero,
después se fueron los amigos.
Ebrio, tambaleante,
parado en el medio de la pista,
reconocí, en los primeros acordes,
una canción famosa de mi adolescencia
y decidí salir al frío cristalino de la calle.
Ahora espero el 65 agarrado al caño
de la parada, siempre lo mismo, sé
que estoy en una noche clónica
de aquella
en que las emociones fueron esenciales.

DESPERTAR EN OTOÑO

Es de mañana, hoy no trabajo,
desde la noche llueve y se escucha
el ruido del agua sobre el toldo de lata.
Estoy abajo de una frazada turquesa,
deslizo la mano un poco y encuentro
una parte suave y tibia del cuerpo
de mi novia que duerme al lado mío.
Ya no quedan recuerdos del pasado,
adentro de mi mente sólo tengo
estas tres o cuatro sensaciones
y me quedo quieto.

EL CAZADOR DE LA TARDE

Las sábanas drapean en la terraza
del edificio de la esquina, coletean,
se tensan al aire y la tela estalla
con ese chasquido que en la tarde
va quedando como idea de mundo
y así se va metiendo en esta mente,
así es traído el cuerpo para adentro,
depositado donde la verdad es tipeada.

MI CASA JUEVES CUATRO DE LA TARDE

Cuando eras nueva todo lo tuyo me conmovía
la pared blanca recién pintada, aquella
flor que se abrió tan amarilla, esas cosas
que me quedaba mirando
que colmaron mi atención
y ocuparon las largas horas de la tarde.
Ahora no, todo es diferente,
no me importa nada de la casa,
ni sus plantas ni sus brillos,
he dejado de fumar hace tres años,
la chica que quiero está en un lugar
que desconozco, viene mi amigo de siempre,
prendemos uno, lo fumamos.
Me duele mucho el codo le digo
mientras él mira por la ventana
ya sin mucho jugo que sacar de este paisaje.

BOTELLA PEQUEÑA DE VIDRIO

La rueda de un auto
que estaciona despacio marcha atrás
muerde una botella pequeña de vidrio,
tirada en la cuneta, que no aguanta
y sin que casi nadie se dé cuenta,
sofocada por la goma, cede,
cruje y se quiebra en muchas partes.

POR BILLINGHURST

Atravieso Almagro en la noche clara,
desde Córdoba hacia Rivadavia,
en el apacible final de este invierno.
Es tarde. Sé que todavía sos hermosa
y que estarás depierta
adentro de alguno de estos edificios:
un remolino de fantasmas amarillos
se levanta del brillo del empedrado.
Pongo la vista en el final de la calle,
lejos, veo el resplandor de Rivadavia.

AMANECER BAJO ESTOS EDIFICIOS

La ciudad está en silencio,
lejos se escucha el drenar de un desagüe.
Las construcciones se desvanecen en la luz del amanecer,
la luz fría del sol baja desde los edificios más altos,
el polvo espeso de la noche
se adhiere a las paredes,
la calle se abre,
los autos de la avenida se ven borrosos,
el cielo detenido.
Un enorme borracho perdido
pasa por la puerta de la casa
buscando a sus compañeros.

CAMINANDO EN EL VIENTO DE BOEDO

Todos los días al volver a casa
desde el trabajo gasto el dinero
que no tengo comprando libros inútiles.
Todos los días vuelvo borracho
desde el centro. La historia recuerda
pocos hombres que, así, hayan llegado
a los ochenta. Miro las membranas metálicas
de los techos destellar bajo la luna, escucho
los largos maullidos de los gatos reunidos
en terrazas. Grito bajo el viento del barrio,
ante la oscuridad y las horas que pasan,
y me pregunto porqué, los hombres,
sólo pensamos en las cosas que nos atormentan.

LUZ DE UNA NUEVA ESTRELLA

Miro una foto en la que soy muy joven
Los ojos muy abiertos y claros. Un rostro
sonriente a pesar que trato de ocultarlo.

Sé que en esa época pensaba que era viejo.
Sé que lo mismo pasa ahora.

En diez años más pensaré que hoy era joven
y sin embargo estoy mirando fotos viejas
y recordando el pasado.

Es imposible no caer en este abandono.

El deleite de saberse fuera de todo movimiento,
el placer de sentir el cuerpo hostigado por drogas,
deportes y complejos vitamínicos que lo electrizan
y después lo dejan blandamente
sobre las superficies y moldes que lo contienen.

La alimentación natural nos deja buenos y tontos.
La carne y el alcohol activan el cuerpo y la mente
y matan pronto.
El amor nos enloquece más rápido que el arte.
Los viajes nos dejan transparentes, los amigos pueden
traspasarnos con el dedo.
Vivir siempre en el barrio nos asegura un error duradero.

El trabajo aniquila nuestra voluntad.
La pareja aniquila el deseo y engendra
poderosas frustraciones.
Sólo podemos desplazarnos libremente
de derrrota en derrota, real movimiento:
luz de una antigua estrella.

COSTA GAITA

Llegamos anestesiados a Costa Gaita
y bajamos del ómnibus.
Quedamos pegados en el barro de la calle.
El pueblo tiene tres casas blancas que apenas
palidecen en la profunda oscuridad.
En una esquina dos mujeres sentadas
detrás de una mesita venden vasos
de agua de linaza que irradian ambarinos
junto a una vela que alumbra a todo el pueblo.

PERPIGNAN

Medio me desperté con ganas de fumar
y vi que viajaba frente a un niño dormido
con su madre parada en el pasillo,
pálida, borrosa, me pidió un cigarrillo
y fumamos juntos, callados, anestesiados
por los movimientos y sonidos del tren, algo
nos dijimos, algo
me dijo ella y puso un momento
su mano caliente sobre la mía,
después se bajó en Perpignan.
Yo no debería contar esto.

ALERCE PATAGÓNICO

El Alerce más viejo de la zona
tiene aproximadamente 3500 años.
Para poder verlo es necesario realizar
una caminata de dos días
por el "Paso de la Nubes".
Cuando Colón llegó a América
este árbol que tengo ante mis ojos
ya estaba en este mismo lugar
desde hacía 3000 años.
Las hojas son escamas que están quietas
y el tronco es muy ancho.
Cuando Tu Fu escribió
sus mejores poemas
este Alerce ya tenía 1800 años.
Para él no son nada gobernantes y poetas,
pasan y pasan y no dejan huellas…
El gol de Diego a los ingleses
todavía ni siquiera ha ingresado
a su inmensa memoria.

EL ESTADO Y ÉL SE AMARON
(2006)

FLORES

Detrás del ventilador gris
una rosa blanca
se inclina hacia las paletas
cuando comienzan a girar.
Las aspas, el remolino la absorbe,
pulveriza la flor
y la dispersa hacia adelante junto con el viento,
pétalos licuados en la brisa fresca del Yelmo,
jugosos caen rectos desde el aire, se pegan en el piso
y en mis hombros.
Detrás del ventilador el cabo pelado
todavía vibra recto verde vacío.

MARIPOSAS

Ensillamos con Mariana una de alas
naranjas y negras.
Un hilo de coser suavemente le atamos
alrededor del abdomen y en la punta
colgando
un cuadradito de telgopor
para que pueda volar:
ahora no sos la hermosura que pasa por el jardín
y luego lo abandona por el de la vecina.
Así todas las tardes pasaban las mariposas
recorriendo
los jardines de calle Pellegrini
pero al pasar por el de casa
les poníamos nuestra inicial:
no un hierro al rojo pero al menos
un tergopol que cargaban hasta la muerte:
maldecidas por mí y por mi hermana,
arrastren su eterna roca.
En los jardines vecinos morían las mariposas enredadas
en algún tallo.
A la siesta todos duermen y solo en el jardín
Segoviano
hay un castigo liviano
para todo lo que es hermoso.

EL PEDO DE FUEGO

Tu Fu llegando borracho a su barco,
contemplando el camino destellante
que la luna deja en el agua.

Dante y Guido sentados en una roca
leyéndose poemas en el atardecer
que parece infinito.

Borges y Mastronardi caminando en la noche
hacia los suburbios,
Gelman buscando muertos en el Uruguay.

En la esquina los chicos toman cerveza
sin parar. Cuando todos están borrachos
Sonia pide un encendedor, se baja las calzas
negras elásticas y la bombacha todo junto,
acerca el encendedor al culo,
y lanza una bocanada de fuego azul y rojo.

SALTO GRANDE

1

El Pancho juntaba boleadoras,
el Fabián tenía un rifle de aire comprimido,
el Gordo Pusterla era el que pescaba más,
Palazotti tenía una cámara de tractor
para andar por las correntadas,
yo nada, me besaba Gabriela.
Betina tenía una tortuga que le pescó el doctor Telesca
con una calcomanía en el caparazón,
Popó agarró un lagarto y le ató una medalla
con la cara de la virgen.

2

Fuimos con Daniel, Fabián y Fabián Fernandez
para el cerro de la paloma
a bajar árboles y
agarramos uno fino y alto y
lo empezamos a hachar para ver como caía y
al rato empezó a crujir y
con unos hachazos más se vino al suelo y
tembló la tierra y
quedó una polvareda,
ahora se armó un hueco grande por donde se ve el cielo,
el árbol cayó de espalda,
no pudo poner las manos cuando caía.
A los diez días habremos pasado con papá por el sendero

al ver el árbol caído a los hachazos
empezó a putear contra los turistas,
mucho rato,
dijo que los que habían hecho eso
eran unos herejes y
que no tenían perdón de dios.
Papá no pensó que fuimos nosotros,
creía que no teníamos fuerza todavía
para hachar árboles.
Nunca más haché árboles sin causa,
nunca le revelé mi verdadera fuerza a mi padre.

3

Una tarde Pepe se bajó de la chalana
con dos amigos que trajo de Corrientes,
todos corrieron hasta el borde de la chalana,
Pepe triunfante sacó el dorado que causaba tanto revuelo,
era enorme, después le sacaron una foto colgando del alambre y
me pusieron a mí al lado para que todos vieran
                              [que era más alto que yo
Después no nos metimos al agua por dos o tres horas
porque teníamos miedo,
hasta ese momento no sabía que había pescados más grandes
                              [que yo abajo del agua.

4

El Pancho Moulins me enseñó a hacer flechas
con la punta de los tapones de sidra,
las flechas iban derecho como cincuenta metros,
hasta que una tarde en la islita
le sacamos un ojo al Raulito,
no nos dejaron más hacer arcos y flechas para jugar a los indios,
yo les voy a dar jugar a los indios... indios!,
nos gritaba Palito cuando se llevaban al sobrino
para el hospital ya con un solo ojo.

5

Una noche apareció una comadreja
arriba de los árboles y
el Pocho García en pedo le tiró seis balazos
mientras el Colorado Bernasconi
apuntaba a los ojos brillantes del bicho con la linterna,
no le pudieron pegar ni un tiro.

6

El Pancho ya encontró cuarenta boleadoras,
pero un profesor de Técnica, arqueólogo,
se las robó para ponerlas en un museo,
el Pancho siempre cuenta que ya encontró cuarenta boleadoras,
pero el Sapo le robó más de treinta,
el Pancho anda las siestas enteras
abajo del sol buscando boleadoras,

un día me dijo que conoce de memoria
todas las piedras del camino.

7

A los diez años empecé a llevar turistas
a la cueva del tigre y al cerro de la paloma,
me sacaban fotos arriba de las piedras y
decían que me las iban a mandar
de donde eran ellos,
de Concepción del Uruguay,
de Rafaela,
de Campana
y de muchos otros lugares raros.

8

Cerca del rancho de Lafourcade
está el árbol más alto de todo Salto Grande,
hace ruido, cruje raro con el viento y tiene
muchas lianas que le cuelgan y
una enredadera que baja con flores desde la copa y
cuelga como hasta dos o tres metros del piso,
ahí arriba voy a hacer mi casa
cuando me venga a vivir acá todo el año,
con mi perro y Gabriela

9

El sábado llovió todo el día y
el domingo hubo sol desde las doce,
los que vinieron a pasar el fin de semana se quieren ir
pero la subida que va hasta las casitas de la comisión técnica
está re resbalosa y no puede subir ninguno.
Los que nos quedamos
vamos a ver cómo se vienen abajo los autos
desde la mitad de la subida
uno chocó contra el espinillo, eran santafesinos,
la esposa del que manejaba estaba desesperada y
todas las hijas lloraban,
nosotros nos mirábamos callados
pero todos sabemos que nos estamos cagando de risa,
lo que nosotros queremos es que no pueda subir ninguno,
somos hinchas de la subida
que cuando llueve se pone resbalosa y
no deja salir ningún auto.
Después viene el gordo Pusterla
que es amigo de los turistas
porque en invierno vive en La Plata y
les maneja el auto por los pastos y
se los sube a los pedos para arriba,
agarra los quince autos que quieren salir y
los sube de un solo saque,
después la gente aplaude.
Yo les tiraría los autos a los turistas del cerro de la paloma
porque me dijo mi padre que esos son los mismos
                            [que quieren que se haga la represa
que va a tapar todo dentro de unos años.

10

Pelusa Galeano ató una vieja del agua amarilla,
es la primer vieja amarilla que aparece en todo el río y la
tiene atada de las agalllas a unos sarandises,
dice que van a venir unos científicos
para clasificarla,
este pescado todavía nadie sabe que existe,
me dijo Pelusa
y van a venir para estudiarlo,
es una vieja del agua amarilla,
parece mezcla de vieja con dorado.
Después de cuatro días la vieja amarilla
se murió y se pudrió,
ningún estudioso vino al final a verla,
acá la vimos y sabemos que existen,
para los estudiosos no hay viejas amarillas.

11

Los Forlán llegaron el viernes y
trajeron dos carpas,
en la más grande duerme Forlán con la esposa, la hija y en la
más chica mandó a dormir a la empleada
con los dos hijos varones…

12

El año pasado Eric cuando se fue me dijo que este año
me iba a traer a su hermana y
me la iba a dar a mí.
Ahora veo que llegaron, Eric, los padres y
dos chicas hermosas cordobesas,
la más linda es la hermana y yo me acuerdo que el año pasado
me dijo que me la iba a dar, qué va a querer esa que es
la mas linda que vi en toda mi vida,
más linda que todas las de la escuela Almafuerte
más linda que todas las de la cortada.
Ni bien oscurece y se prenden los faroles
                          [de todos los ranchos y campamentos
nos ponemos a jugar a la escondida,
yo corro solo hasta la oscuridad y me quedo atrás de la carpa
de los Fishba, atrás mío viene la hermana de Eric, Gabriela,
me pregunta si quiero ser su novia así nomás sin conocerme y
adelante de su prima Nancy, yo protesto una vez
pero me convence, después salgo corriendo y
en el pecho tengo una correntada que no para
que no sabía que te agarraba
cuando tenés novia.

13

A la tarde nos fuimos solos
con Darío y con Mónica
hasta la isla de los lobos,
somos cuatro solamente
de todos los chicos que hay en los campamentos
los que nos animamos a cruzar la correntada del boquerón grande:
Darío, Mónica Fabián y yo.

14

Una vuelta que mamá estaba distraída
charlando con todas sus hermanas
me fui hasta el boquerón, lo crucé solo y nadie me vio,
después agarré para arriba,
yo quería llegar solo hasta la caída de la barca,
y después de correr como una hora saltando piedras
                              [y cruzando cascadas
llegué hasta la caída de la barca.
Cuando volví al campamento
le conté a todos que había llegado hasta la caída de la barca y
Palito me dijo: a ver contame cómo es y
yo le conté como era y
cómo había hecho para saltar el canaletón
que hay que saltar antes de llegar
donde ya murieron cuatro
porque no pudieron llegar con el salto al otro lado y
Palito se dio cuenta que había llegado en serio
porque le conté todo perfecto con detalles y

entonces fue a buscar a mi padre y
le dijo que yo había llegado solo hasta la caída de la barca
y mi viejo se enfureció de rabia y de miedo
de que me hubiese ahogado,
qué me voy a ahogar yo en salto grande,
me encerró en la carpa verde y
me dijo que no iba a salir hasta el otro día,
yo estaba llorando pero al rato vinieron a verme todos,
Fabián Daniel Darío Omar y Federico y
yo les contaba que era una catarata enorme y que
después se hace un canal re correntoso como cinco boquerones,
al otro día se armó lío en todos los campamentos
porque todos los chicos querían conocer la caída de la barca y
yo los miro porque llegué solito,
estoy penado en la carpa pero no me importa,
conozco más lugares de salto grande que ningún otro,
soy el jefe y mi novia es Gabriela,
el único que conoce más que yo es el Gordo Pusterla
pero no importa porque igual tiene como siete años más que yo
y cuando yo sea como él voy a conocer muchos más lugares
que los que él conoce ahora.

15

Si a las tortugas les cortás la cabeza
siguen viviendo como dos días
repetía siempre el Pancho
hasta que agarró una,
le macheteó el cogote y
la dejó patas para arriba

en una mesita al lado del camino,
los turistas y las mujeres estaban horrorizados
de que la tortuga siguiera pataleando
después de seis horas sin cabeza,
le pidieron al Pancho que la tirara al río,
se va a ir nadando si la tiro, dijo,
y todos fuimos atrás de él y
la tiramos al río y
se fue nadando, bueno…
se hundió pataleando.
El Pancho dijo, lo único que saben hacer es nadar,
hacen eso todo el tiempo,
tienen los músculos tan acostumbrados
que pueden seguir nadando muertas.

16

Un verano que el río estaba re bajo nos invadió una tarde
un cardumen de mojarrines, eran millones y millones y millones
repetía mi mamá cuando se lo contaba al abuelo.
De las cascadas en vez de agua caían mojarrines
y los juntábamos con baldes.

17

Mi papá se iba a cagar al agua, yo nunca pude cagar
adentro del río, me daba miedo que un pescado
se me metiera en el culo. Me voy a darle de comer a las mojarras…
decía papá y se iba a cagar a la correntada.

18

Tito y Carlos que son mis tíos porteños decían
qué hermoso,
qué hermoso esto
qué hermoso aquello,
pero siempre estaban queriendo volverse.

19

El Meneco que pesaba más de 120
entró al agua y se clavó un culo de botella en la planta del pié,
le tuvieron que poner 23 puntos,
el agua quedó roja un rato
antes que se llevara la sangre la corriente.

20

la cueva del tigre...
el boquerón grande...
la piedra de la boga...
la islita...
el boquerón chico...
la pileta...
la casacadita...
la piedra de lavar...
el cerro de la paloma...
la isla de los lobos
el infiernillo...
el cajón del muerto...

la caída de la barca…
el canal grande…
el puerto del ahogado…
la isla de los presos…
la vertiente…
el arroyo…
el molino…
el rancho de Pusterla…
lo de Bazalo…
Don Giovanardi…
los Labella…
los Garabito…
los Telesca…
los Galeano…
la Tálerman…
los Burna…
los Porchetto…
los Palazzoti…
los Suaje…
los Durand…
los Pusterla…
los Ancarola…
don Carlos…
los Moulins…
los Escarinche…
los Bertolotti…

LUCIÉRNAGAS DE FEBRERO

Las luciérnagas son una pija en cualquier poema, cualquiera que pone luciérnaga en un texto es un quemeitor, pero esa noche del apagón de luz que duró seis días, el once estuvo de fiesta, la policía no andaba y las putas, para que las vieran los clientes, salieron a trabajar con linternas, estaba re bueno, y así te llamaban, haciendo pestañear unas linternas pequeñas de colores, yo iba caminando para once por La Rioja el jueves como a las dos de la mañana y veía para adelante un montón de linternas pestañeando: las putas de este barrio, luciérnagas de febrero.

LAMBORGIANO

Al volver cansado a mi casa
escucho a las busconas de Moreno,
putas de risa horrible,
que trabajan en invierno cagándose de frío.
Y al pasar cerca de ellas me atraviesa el perfume
venenoso que se untan.
Mi vida no puede continuar de esta manera,
pero continuará; cuando era chico quería ser
el que soy, y estaba contento.
Ahora ya soy el que soñé y el perfume
venenoso de las busconas me empuja
al fondo de mi casa, a pensar en el niño
que quería ser el que soy en este momento.

NUECES MOJADAS EN LOS PASTIZALES

Nueces mojadas en los pastizales
puntos luminosos entre los árboles
y los que juegan por necesidad
seguro pierden por obligación.

La cosquilla en el meñique
viene bajando desde el brazo,
es la muerte que está adentro
de mi madre, nos demuestra
que se mete en cualquier parte.

La aventura dada vuelta,
agarrada con las patitas finas
mi madre parada en un palito
y los que juegan por diversión
seguro ganan sin explicaciones.

Lo peor es escribir bien.
No, lo peor es escribir mal.
Sí, lo mejor es amontonar.

Sí, lo mejor es mejorar
nuestro campamento, poner
lindo el alrededor, apilando
las piedras del lugar,
monolitos pequeños

que nos acercan al primer
expresador, modificador, embellecedor
el artista: el primer traidor.

Ahora voy a reconocer,
voy a solicitar disculpas
a las chicas con las que
intercambié fluidos
solo para que les agraden mis textos.
Escribí para amontonar poder
en mi apellido: Durand.
Ahora no lo quiero
no quiero ese poder pequeño montado
en mi apellido, no voy a corcovear,
no quiero apellido, no quisiera
querer.

Ahora voy a solicitar disculpas
a todos los que vinieron a mi casa
para ser convencidos de la verdad
que ostentaba, no tengo verdad,
tenía mentiras que acumulaban poder
y después irresponsablemente lo repartía,
dije que:

—las ramas arqueadas del helecho tienen movimientos afectivos.
—tres piedras encimadas son una obra de arte.
—corazón o cero son las dos únicas variantes.

Las montañas cansan al que camina
más de lo que el mar cansa al nadador.

Olvidé las caras de los adolescentes
que subí a la montaña
para que aprendan cómo funciona la naturaleza, tan distinta
al funcionamiento
de la vida del club que los llevaba.
Nada cambiará. Nadie producirá.
Muñecos suaves se amontonan
delante del parabrisas del micro
que va hasta un pueblo que se llama
Papagayos.

Querido Sergio:

te cuento cómo fue mi aventura
de 15 años en la literatura argentina:
me acuerdo cómo fue el final:
un borracho le tiró un manotazo
a una burbuja que se inflaba
en el pico de una botella de cerveza,
y que reventó un instante antes
que pudiera agarrarla.

Me gustaría escribirme libros,
publicármelos y regalármelos,
que me calmen y nunca
tener ganas de mostrárselo a nadie:

Un texto que de tan bueno nunca
haga falta mostrárselo a nadie.

Qué cosa incomprensible seré
en este momento que
mi madre se muere
la patria se hunde
y mis amigos son todos
unos hijos de puta?

Cuanto más malo es un texto más lectores necesita.

Mamá anda comiendo algodón
es por eso que no le alcanza la saliva
y no puede armar el bolo alimenticio.
los rayos le secan todos los fluidos.

El poema perfecto no necesita lector.

Atrás de una trinchera de pastillas
que el alma por dentro van secando.
La muerte vino primero a matar la religión
y la virgen pegada en una cuña de madera
quedó hamacándose como una nena
rebelde
a la que nadie puede peinar.

Buscando bajo la luz
lo que perdió en la oscuridad.
El pez translúcido
del tamaño y forma de una ,

ahora en el oceáno está solo.

CABEZA DE BUEY

(2017)

LA ESPANTOSA BARTOLA
[Fragmento]

Recalcitrantes, ebrios abstemios, el anteojo del hipocondríaco
no ha servido para ver mejor que con los ojos, condenados
nos hallamos a nuestro vocabulario subversivo, y no se ha visto
cuál es la nueva manera en que el erudito entreteje su vasto conocimiento
del mundo, sus esposas. El mismo que se desconoce ante el reflejo
de las aguas de un balde, pero es amplio conocedor de las emanaciones
que afloran de su letra, y asfixian.

Has puesto la cabeza en el caño de escape para aniquilar todo tipo
de pensamiento deseoso, pero se han incrementado tus encantos, todos ríen
de tu gracia, de la manera en que en cuatro patas aspiras los perfumes
del motor que te impulsa.

Lo aprendido no es para usar, no es mostrable la riqueza obtenida,
todo tendrá que volver a suceder; de la misma manera que nos horrorizamos
y tememos, cualquier delicia nos conduce al mismo punto que todas
las torpezas, pero hay diferencias, hay variaciones eso es lo que quiero decir,
que no todo es igual, pero es inexplicable a la letra, este vocabulario
no puede demostrar su diversión: la selva clara externa a las escrituras

Contrario al mecanismo de las perfecciones, he visto cómo lustra la casa
una esposa, cómo se afana en el brillo de los tenedores cada mediodía,
visible su inexperiencia en la pericia para pulir las superficies metálicas
de su pertenencia, he estado satisfecho, y he decidido imitarla oscureciendo
todo lo que brilla: animales que me reúnen en la mesa para hablar
de todo lo que pasa.

Hemos de mirar largamente lo mismo de siempre: la escarcha de la noche
ha cubierto la superficie de los autos, brilla Morón, la complejidad de un barrio
de indecentes y castillos, hundidos en el polvo que se volverá al barro
cuando la escarcha despierte, y fluya hacia sus mixturas,
su actividad, movimiento en la luz de la mañana;
ahora pienso que aquel castillo lo teníamos adentro de la manga y ganamos
una batalla que teníamos perdida para siempre. Pero lo que es realmente
indecoroso y nos causa tanto dolor y desconfianza, es que los sucesos
siempre son impensados, ocurren por cuenta propia y nuestros esfuerzos
son nulos, no hemos participado en los aconteceres, hemos sido observados
por los otros y con el tiempo seremos señalados por la precisión
en el desencanto, por el itinerario fijo hacia nuestro liso antojo,
decidido un día porque sí, sin intervención de los convencimientos.

TENGO UNA IDEA MOTEADA DE LO QUE SOY

Una mancha grande borrosa,
llena de pintas de nitidez.
La zona borrosa está llena de bailes,
días de trabajo,
noches de escabio,
allí aparecen y desaparecen libros y cds,
amigos de amigos,
muchas ciudades europeas,
andurriales de la infancia
y muchas cosas más que no alcanzo a comprender.
En las pintas nítidas de lo que soy
hay de todo:
una vaca muerta con el vientre reventado
donde burbujean millones de gusanos
que tapizan completamente el triperío
en el campo que le sigue a los fondos
de una escuela de las afueras.

Ella es una pinta nítida,
compra tres caramelos todas las mañanas
antes de entrar al colegio
y cada día que pasa agrega algo más
a los gestos y palabras que usa
para realizar su compra:
el primer día sacó los chicles del exhibidor
y pago justo con tres monedas de 10 centavos,

después empezó a sonreír,
ahora ya me habla
y se contonea cuando me compra los caramelos,
ella es un mota nítida.

Mi casa es un poema muy bueno,
de los más lindos que escribí,
también es una pinta nítida,
pero dentro de esa nitidez hay zonas nerviosas,
una pared que se humedece a lo largo
y se resiste a las tantas capas de pintura
que le hemos dado:
un párrafo que queremos borrar y no podemos.
algunas baldosas del living suenan huecas
cuando les doy golpecitos con el puño cerrado,
suenan mal,
quiere decir que no tienen mucho pegamento
 y en el futuro se pueden romper,
como texto que no va a durar,
que los años volverán retórico,
mi casa retórica será dentro de un tiempo...

A la zona difusa voy de excursión
algunas veces,
a descubrir episodios mal iluminados,
muy escondidos
o llenos de polvo e imperfecciones,
en una subida desde donde se ve el río,
entre dos árboles converso con una chica
que se interesa mucho por mi biografía...

ella no tiene rostro y ahora estoy tratando
de determinar bien el color, suavidad y espesor de su vestido...

Me gusta el aluminio,
quisiera hacer algo con este material,
un buen texto en el que la estructura
esté visible y sea de ese metal,
un texto de aluminio,
en el que haya una vaca,
una niña crecida, un cajón raro
y una confusión pequeña
entre lo que se dijo y lo que se hizo...

Parece fácil hacer poemas con aluminio,
es que es un metal muy maleable,
dúctil y brilloso,
debe ser eso,
intentaré hacer otro ahora mismo:

El aluminio está en proceso de aprendizaje,
es un metal que presta atención a lo que se dice,
obedece en lo que hace,
ilumina los ambientes de la casa...

El orden es importante
está antes que la limpieza

El aluminio está en proceso de aprendizaje
en un cajón que hace mucho que no abría
encontré una carta de ella
un linterna vieja que funciona

y una barra de aluminio
que quedó de cuando hicimos el cerramiento.

Los pedazos de aluminio dispersos
a lo largo y a lo ancho de mi biografía,
que es esa mancha inmensa que no entiendo,
actúan como focos de nitidez
en esa inmensidad oscura que es todo lo que ha pasado.

La muerte empezó a vivir cuando yo nací,
eso está claro,
pero yo crecí muy rápido,
de los dos siempre fui yo el que hablaba y decidía
y al que la gente veía,
pero ahora es diferente,
ella se levanta antes que yo
y cuando me despierto
la veo yendo y viniendo por la casa,
haciendo el mate, contestando mails,
programando el día, rompiendo la compu,
regando las plantas y hablando siempre sin parar,
siempre sacando cuentas,
ella se acuerda de cosas que yo nunca pude,
sabe las fechas de los cumpleaños de todos los parientes,
me cuenta goles que vimos
que yo ni sabía que existían,
la memoria es su virtud principal...

Ella es una niña,
yo era invisible hasta el mediodía que le dije:
-ya te cambiaste tres veces de ropa y recién son la una,
esa frase fue como una sopleteada de pintura metalizada
a toda la superficie de mi invisibilidad,
ahí me vio por primera vez,
ahí empezó a sonreír cada vez que me ve,
antes eso era un comienzo,
el inicio de una relación,
la base sólida para enterrar la viga
que sostendría el amor que se venía...
ahora no... todo va hasta ahí...
y si le sonrío, que sería el paso siguiente,
ella ya vería mis dientes podridos y faltantes, y se asustaría...
ella es una niña
y yo me he puesto visible para que me vea nomás...

CINCO DE MAYO

El inexorable destino de una pelota
de tenis es perderse, entre los pastos,
o embarrarse en el charco, salvo
aquellas que permanecen, de a tres,
peludas y brillantes
dentro del tubo que está en la estantería.

Lena tiene una muy vieja, que ya casi
no rebota: la perra mastica la pelota.

Miro las hojas verde pastel del sauce,
no hay tanta angustia en las ramas
que bajan hasta el suelo, hojas viejas
de mayo que pronto, harán su último
número de color.

Primero titilarán
hacia los amarillos, veré después
a mi padre barrerlas todas las tardes
acompañando su trabajo con protestas.

Negras y mojadas se amontonan en la zanja,
las usaremos como turba para esparcir
por los canteros, después vendrá lo peor.

Perdimos nuestra última pelota
de tenis, mi perra y yo. Lena huele

en los pastos, olfatea, pero la estela
olorosa de la pelota se desvaneció
en el aire, ella me mira con la esperanza
de que todo sea otro engaño, quizás la pelota
aún esté escondida entre mis manos, pero no,
es la verdad.

La pelotita de tenis se perdió
para siempre. Lena mira el muro
por donde la vimos cruzar al otro lado,
luego retorna a su actividad olfativa
yo también vuelvo a la observación
de los árboles, pero preferiríamos,
los dos, no haber perdido nuestra pelota
y seguir jugando.

COMO UN MARLBORO
(2016)

BELÉN FRANSOIA

La nariz apenas colorada y los ojos verdes amarronados siempre con un brillo de malevolencia y gracia y el olor, el olor a crema que tenía en la cara y en las manos, y su voz, suave y creciente. La conocí bailando, ella bailaba lentos con uno y yo con otra que no recuerdo, ella me miró apoyada en el hombro de su compañero de baile y me paladeó con la mirada, bailando lento girábamos sobre nosotros mismos y en cada giro nuestras miradas se encontraban, al rato dejó de bailar y se fue a sentar con su hermana mientras yo veía que las dos me señalaban con la mirada, conversaban y reían. Con la excusa de ir al baño dejé de bailar yo también y empecé a mirarla, sin sacarle la vista de encima, entonces ella se paró, y fue caminando en dirección al baño, al pasar junto a mí me dijo, nos vamos a gastar de tanto mirarnos, por qué no me sacás a bailar cuando vuelva del baño?

Bailamos un rato, Eduardo se me acercó en un momento y al oído me dijo, mirá que es re puta, no bailes con ella, te vas a quemar con las otras minas, mejor si es puta pensé, y la idea de que en esa cara y en ese cuerpo habitaba una puta me conmovió profundamente y una felicidad inmensa se apoderó de mi mente… En un momento la hermana vino a buscarla y sin dar ninguna explicación salieron corriendo… yo quedé enceguecido… El lunes a la noche la fui a buscar a la salida del colegio, ella tenía 17, iba a la Comercio Nocturna y salía once y media de la noche, a esa hora en mi casa ya se dormía, yo me acostaba temprano como indicaban las reglas de mi casa, nueve y media, y diez y media cuando los ronquidos de mi padre me confirmaban que en la casa ya todos dormían, despacito me levantaba, enrollaba una colchoneta y la metía debajo de las sábanas, simulando mi cuerpo, sobre la almohada ponía la cabeza de un Tribilín de cuando éramos más chicos que simulaba bastante bien mi cara durmiendo, y por la ventana de mi pieza, me escapaba y me iba a buscar a Belén a la salida de la Comercio Nocturna, remontaba calle Entre Ríos y en algún punto ella venía conversando con un compañero.

La primera noche que la fui a buscar no me animé a pararla y solo nos saludamos, la segunda noche venía con una compañera y se despidieron al verme, caminando nos fuimos despacito hasta lo que sería mi paraíso de los 16 años, nuestra esquina, ahí nos besábamos horas, los besos de Belén eran larguísimos, duraban la noche entera, ella recostada contra la pared, con las piernas abiertas lo suficiente como para que yo pudiera meterme en el medio, con una mano me abrazaba fuerte y con la otra me agarraba la pija dura, durísima entre sus manos cremosas, y así, sin más estábamos hasta que el cielo empezaba a palidecer y las sombras que en esa esquina nos cobijaban empezaban a reabsorberse y a perder terreno frente a la siempre maldecida claridad que avanzaba, entonces volvía yo a mi casa, satisfecho, cansado y dolorido de tanto franelear...

Dos meses habremos estado así, hasta que un día la convencí para que venga a mi casa a la mañana cuando mis padres no estaban. Inexpertos los dos pero yo más todavía, solo llegamos al punto de que ella se metió mi pija en su concha pero yo no vi nada, no aprendí nada y sentí menos con el profiláctico puesto y todo terminó muy pronto... lo nuestro no era la cama, era esa esquina donde la oscuridad hacía estragos en mi imaginación...

Años más tarde en Bs As, yo estaba apenas separado de mi primera esposa y una tardecita en la que iba en un 86 hasta Caballito la veo, la veo subiendo a mi colectivo, pero pensé que solo era una chica parecida, ella se subió y vino a pararse justo al lado mío, yo la miré de costado, en una frenada del colectivo nuestros hombros apenas se rozaron, era igualita, le miré las piernas lustrosas como cuando era niña, ahora tendría 26, y me quedé pensando: si esta chica que está parada junto a mí a la cual estoy rozando entre vaivén y vaivén del 86, si fuera ella... y en esos pensamientos estaba cuando vi el paisaje de edificación que me indicaba que debía bajar, arriba en el colectivo no la pude ver de frente, de modo que bajé rápido y me paré en la vereda justo frente a ella para poder mirarla bien, ahí fue cuando ella me reconoció y me gritó algo ya ininteligible porque el colectivo arrancaba y el sonido del motor tapaba lo que ella me decía, yo atiné a hacer una seña de que bajara en la parada siguiente pero fue en vano, la esperé media hora y no apareció, se la llevó ese bondi.

Las ediciones originales de los libros incluidos en este volumen son: *El estado y él se amaron* (Mansalva, 2006). *Ruta de la inversión* (Gog y Magog, 2007). *Como un Marlboro* (Mansalva, 2016). *Cabeza de buey* (Lomo, 2017) y *Lupa de la inmersión* (Caleta Olivia, 2023)

Se imprimió en abril de 2025. Regresan los vencejos, florecen la melias y granan las habas. El mundo gira, no puede evitarlo